# 小普羅藝術叢書

有了喜歡的顏色　有了豐富的創意

孩子，你更需要無邊無際的恣彩天空！

## ·我喜歡系列·

我喜歡紅色

我喜歡棕色

我喜歡黃色

我喜歡綠色

我喜歡藍色

我喜歡白色和黑色

## ·創意小畫家系列·

蠟筆
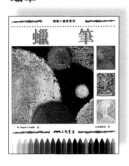

水彩

色鉛筆

粉彩筆

彩色筆

廣告顏料

## ·小畫家的天空系列·

動物畫

風景畫

靜物畫

# 我 喜歡 綠色

M. Àngels Comella 著

許玉燕 譯

三民書局

國家圖書館出版品預行編目資料

我喜歡綠色 / M.Àngels Comella著;許玉燕
譯－－初版二刷.－－臺北市;三民，2003
面; 公分－－(小普羅藝術叢書. 我喜
歡系列)

ISBN 957-14-2868-X （精裝）

940

網路書店位址：http://www.sanmin.com.tw

© **我 喜 歡 綠 色**

著作人　　M.Àngels Comella
譯　者　　許玉燕
發行人　　劉振強
著作財　　三民書局股份有限公司
產權人　　臺北市復興北路386號
發行所　　三民書局股份有限公司
　　　　　地址／臺北市復興北路386號
　　　　　電話／(02)25006600
　　　　　郵撥／0009998-5
印刷所　　三民書局股份有限公司
門市部　　復北店／臺北市復興北路386號
　　　　　重南店／臺北市重慶南路一段61號
初版一刷　1998年8月
初版二刷　2003年4月
編　號　　S 94064
精裝定價　新臺幣貳佰捌拾元整
平裝定價　新臺幣貳佰伍拾元整
行政院新聞局登記證局版臺業字第○二○○號

有著作權·不准侵害

# 目次

# 給父母及師長的話

**綠**色通常會讓我們聯想到植物的世界。一切事物會變，綠色也是。有一種樹葉甚至會在一夜之間，由綠色轉變成另外一種顏色。綠色也包含很多不同的層次、不同的色調。現在，就讓我們循序漸進，以一種積極的態度，引領自己對這個顏色有一個正確的體會吧！等你真正心領神會以後，就可以懷著一顆暢快的心徜徉其中了。

《我喜歡綠色》運用適合一般孩童閱讀的語言來說明；不過，使用這本書時，卻需要大人共同完成裡頭的習作。大人可以為孩子們朗讀每一個單元，再和孩子們一起討論。

本書的設計能夠適切啟發孩童對綠色的好奇心，同時可以發展孩童本能的觀察力。這些成效將透過各單元的練習實驗而達成。最終的目的，在於獲得對這個顏色的進一步認知。

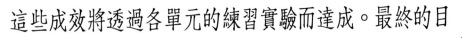
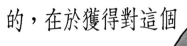
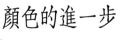

# 綠　色

下(ㄒㄧㄚˋ)面(ㄇㄧㄢˋ)是(ㄕˋ)各(ㄍㄜˋ)種(ㄓㄨㄥˇ)語(ㄩˇ)言(ㄧㄢˊ)對(ㄉㄨㄟˋ)綠(ㄌㄩˋ)色(ㄙㄜˋ)的(ㄉㄜ˙)稱(ㄔㄥ)呼(ㄏㄨ)：

VERDE...　　　　VERT...

BERDEA...　　**VERD...**

　　　GLAS...

　　　　　GREEN...

GRÜN...

另(ㄌㄧㄥˋ)外(ㄨㄞˋ)有(ㄧㄡˇ)各(ㄍㄜˋ)種(ㄓㄨㄥˇ)不(ㄅㄨˋ)同(ㄊㄨㄥˊ)型(ㄒㄧㄥˊ)態(ㄊㄞˋ)的(ㄉㄜ˙)綠(ㄌㄩˋ)色(ㄙㄜˋ)：

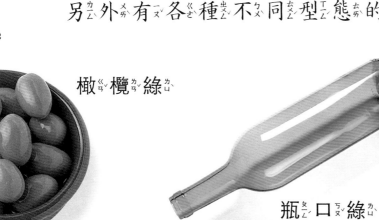

橄(ㄍㄢˇ)欖(ㄌㄢˇ)綠(ㄌㄩˋ)

瓶(ㄆㄧㄥˊ)口(ㄎㄡˇ)綠(ㄌㄩˋ)

蘋(ㄆㄧㄥˊ)果(ㄍㄨㄛˇ)綠(ㄌㄩˋ)

我(ㄨㄛˇ)們(ㄇㄣ˙)也(ㄧㄝˇ)把(ㄅㄚˇ)綠(ㄌㄩˋ)色(ㄙㄜˋ)運(ㄩㄣˋ)用(ㄩㄥˋ)在(ㄗㄞˋ)各(ㄍㄜˋ)種(ㄓㄨㄥˇ)不(ㄅㄨˋ)同(ㄊㄨㄥˊ)的(ㄉㄜ˙)形(ㄒㄧㄥˊ)式(ㄕˋ)上(ㄕㄤˋ)：

交(ㄐㄧㄠ)通(ㄊㄨㄥ)號(ㄏㄠˋ)誌(ㄓˋ)中(ㄓㄨㄥ)，綠(ㄌㄩˋ)燈(ㄉㄥ)代(ㄉㄞˋ)表(ㄅㄧㄠˇ)可(ㄎㄜˇ)以(ㄧˇ)通(ㄊㄨㄥ)行(ㄒㄧㄥˊ)。

醫(ㄧ)生(ㄕㄥ)使(ㄕˇ)用(ㄩㄥˋ)的(ㄉㄜ˙)醫(ㄧ)療(ㄌㄧㄠˊ)器(ㄑㄧˋ)材(ㄘㄞˊ)有(ㄧㄡˇ)些(ㄒㄧㄝ)也(ㄧㄝˇ)是(ㄕˋ)綠(ㄌㄩˋ)色(ㄙㄜˋ)的(ㄉㄜ˙)。

綠(ㄌㄩˋ)色(ㄙㄜˋ)可(ㄎㄜˇ)以(ㄧˇ)舒(ㄕㄨ)緩(ㄏㄨㄢˇ)我(ㄨㄛˇ)們(ㄇㄣ˙)的(ㄉㄜ˙)身(ㄕㄣ)心(ㄒㄧㄣ)。

# 我們來試著
## 做做看吧！

如果我們把黃色和藍色混合在一起，會得到綠色。

現在，
我們來做一條小蛇。
先要準備好：

 黃色和藍色的黏土

 白色和紅色的黏土

**1** 我們先做出一個黃色的蛇頭，和一條藍色的尾巴。

**2** 接下來，我們把多一點的黃色黏土和一些些的藍色黏土混合，做出幾個小圓球；然後，混合少一點的黃色和多一點的藍色，再做一些小圓球。

**3** 現在，我們把已經做好的小圓球，依照顏色的深淺，一個一個連接起來。

如果我們混合黃色和藍色，就會得到綠色。

如果黃色加得比藍色多，就會得到另外一種綠色。

藍色放得比黃色多，得到的綠色就又不一樣了。

你也來做一條小蛇吧！越多的小圓球越好喔！

# 抬起頭看看上面！

我們幾乎從來沒有抬起頭看看上面。
如果我們偶而這樣做，
會突然發現這個世界是多麼有趣喲！
然後，我們也就會開始注意到
許多以前往往忽略的東西了！

在這個單元裡，我們
要來做一棵樹木。
會使用到：

▷ 綠色透光色紙

▷ 卡紙

▷ 剪刀

▷ 玻璃紙

▷ 黏膠

**1** 我們先用剪刀剪好許多樹葉的形狀。

**2** 然後，一片一片慢慢黏貼上去，要儘量貼得像真的樹木一樣喔！

**3** 接下來，就會看出深淺不同的綠色樹葉，逐漸呈現在我們的眼前了。

如果我們抬頭觀察一棵樹木的葉子，會看到許多不同色調的綠色。

我們會看到比較亮的綠色，以及比較暗的綠色。

樹葉的綠色會有亮、有暗，完全是受到陽光照射程度的影響。

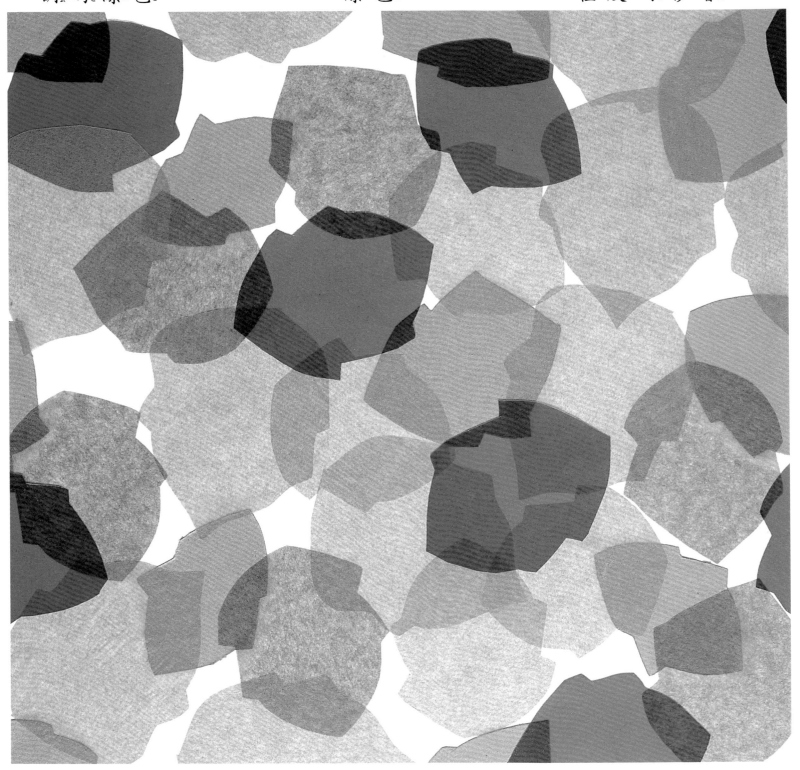

我想，我永遠不會厭倦做同樣的事⋯⋯

# 陽光和雨水

綠色是彩虹七種顏色當中的一種。

你有沒有看過園丁澆水的時候由於陽光的照射，一道美麗的彩虹便跟著出現了呢！你有沒有注意過彩虹有哪些顏色呢？現在，我們拿來這些用具：

▷ 彩色玻璃紙

▷ 剪刀

▷ 黏膠

▷ 硬的塑膠板

**1** 我們先把玻璃紙剪成許多小段。

**2** 然後黏貼在硬的塑膠板上。

**3** 做成一道小小彩虹。

**4** 把光線投射在上面，會在地板上反映出這一道小小彩虹喔！

一旦天空正下著雨，陽光也同時綻放光芒時，彩虹就會出現在天邊。

這個現象產生的原理，是由於光線被分散為各種顏色。

綠色就是彩虹的其中一種顏色。

# 你的好朋友，神奇龍

我曾經幻想過，
我有一個非常要好的朋友，
牠是一隻神奇龍，
牠的表皮佈滿了綠色的鱗片。

現在，我們就來創造
這一隻神奇龍吧！
要先找好：

黏膠

彩色紙

白色卡紙

剪刀

1 先把彩色紙剪成
幾個小片段。

2 把黏膠塗在準備
好的卡紙上。

3 慢慢黏貼，然後一步
步完成這一隻龍。

4 在黏的時候，
偶而要停下
來，看看到現
在已經黏好
的成果喔！

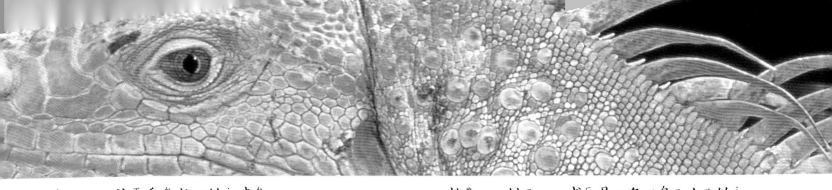

有ㄧㄡˇ一ㄧ些ㄒㄧㄝ動ㄉㄨㄥˋ物ㄨˋ的ㄉㄜ˙表ㄅㄧㄠˇ皮ㄆㄧˊ長ㄓㄤˇ滿ㄇㄢˇ了ㄌㄜ˙鱗ㄌㄧㄣˊ片ㄆㄧㄢˋ。

龍ㄌㄨㄥˊ、蛇ㄕㄜˊ、或ㄏㄨㄛˋ是ㄕˋ魚ㄩˊ身ㄕㄣ上ㄕㄤˋ的ㄉㄜ˙鱗ㄌㄧㄣˊ片ㄆㄧㄢˋ會ㄏㄨㄟˋ反ㄈㄢˇ射ㄕㄜˋ光ㄍㄨㄤ線ㄒㄧㄢˋ，產ㄔㄢˇ生ㄕㄥ各ㄍㄜˋ種ㄓㄨㄥˇ不ㄅㄨˋ同ㄊㄨㄥˊ的ㄉㄜ˙色ㄙㄜˋ彩ㄘㄞˇ喲ㄧㄠ！

我ㄨㄛˇ們ㄇㄣ˙的ㄉㄜ˙龍ㄌㄨㄥˊ一ㄧ點ㄉㄧㄢˇ都ㄉㄡ不ㄅㄨˋ殘ㄘㄢˊ暴ㄅㄠˋ，牠ㄊㄚ是ㄕˋ我ㄨㄛˇ們ㄇㄣ˙的ㄉㄜ˙好ㄏㄠˇ朋ㄆㄥˊ友ㄧㄡˇ。

# 你要不要來玩一玩色彩的遊戲呢？

大家都看過美麗的彩色玻璃窗，那時候，你會不會也想來和色彩玩一個遊戲呢？

我們也來試試看做一個彩色玻璃窗吧！

先準備好：

各種不同形狀的藍色、綠色、黃色和紅色剪紙

**1** 我們從圓圈的中心開始做。

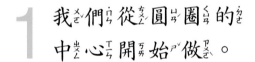

**2** 先放綠色的剪紙。

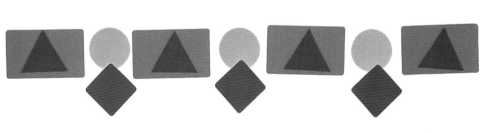

**3** 一圈又一圈做框邊，不斷重覆。

▷ 拼ㄆㄧㄣ湊ㄘㄡ色ㄙㄜ彩ㄘㄞ也ㄧㄝ是ㄕ一ㄧ種ㄓㄨㄥ遊ㄧㄡ戲ㄒㄧ喲ㄧㄛ！

▷ 讓ㄖㄤ色ㄙㄜ彩ㄘㄞ發ㄈㄚ揮ㄏㄨㄟ光ㄍㄨㄤ芒ㄇㄤ，是ㄕ多ㄉㄨㄛ麼ㄇㄜ有ㄧㄡ趣ㄑㄩ呀ㄧㄚ！

▷ 按ㄢ照ㄓㄠ步ㄅㄨ驟ㄗㄡ來ㄌㄞ做ㄗㄨㄛ，最ㄗㄨㄟ後ㄏㄡ，我ㄨㄛ們ㄇㄣ會ㄏㄨㄟ得ㄉㄜ到ㄉㄠ一ㄧ個ㄍㄜ驚ㄐㄧㄥ喜ㄒㄧ。

讓ㄖㄤ我ㄨㄛ們ㄇㄣ悠ㄧㄡ游ㄧㄡ自ㄗ在ㄗㄞ地ㄉㄜ玩ㄨㄢ，度ㄉㄨ過ㄍㄨㄛ一ㄧ個ㄍㄜ快ㄎㄨㄞ樂ㄌㄜ的ㄉㄜ時ㄕ光ㄍㄨㄤ吧ㄅㄚ！ ▷ ▷

# 變成綠色也不容易耶！

從前有一隻貓咪，牠的毛一天比一天變得更綠……

我們用中國傳統皮影戲的方法，來演一齣關於這隻綠色貓咪的精彩小故事吧！需要準備下面的材料：

- 描圖紙
- 小木棒
- 剪刀
- 膠布
- 彩色筆
- 小型舞台和燈光

**1** 我們先編一段有趣的小故事。

**2** 把描圖紙做成的布幕固定在小舞台上。

**3** 拿一張黑色的卡紙，剪出故事中的每一個角色。

**4** 由背面黏貼好描圖紙，然後用彩色筆畫好圖案。

**5** 用膠帶把每一個角色黏在小木棍上。

**6** 打開燈光，就可以開始演我們的精彩小故事了。

有些顏色在某些東西上是不存在的。

真實的貓咪不會有綠色的毛。

人的毛髮也不可能是綠色的。如果把人畫成綠色的，會讓人覺得他好像生病了。

好可憐的小貓咪！哦！不！也許牠過得很好呢！

# 我們來合好吧！

綠色和紅色是非常不一樣的兩種顏色。

現在，我們來做一個練習吧！需要的工具有：

▷ 黃色墨水

▷ 藍色墨水

▷ 紅色墨水

▷ 白色卡紙

▷ 滴管

**1** 我們把滴管拿來吸滿黃色墨水，先微微抬高一點點，然後滴幾滴黃色墨水在卡紙上；完了以後，用清水把滴管洗乾淨。

**2** 接下來，吸滿紅色墨水，重覆同樣的動作，再把滴管洗乾淨。

**3** 混合黃色和藍色墨水，吸滿以後，多滴幾滴，這時候出來的是綠色。

**4** 最後，滴一些些紅色墨水。看吧！完成了一幅多麼令人印象深刻的畫。是不是呢？

有時候，色彩之間並不是很和諧的。

有些顏色非常相近，就好像是來自於同一個家庭。

可是另外一些顏色卻又很不一樣，甚至互相對比，像綠色和紅色就是一個例子。

我們可以用滴的方式來畫一幅圖畫。

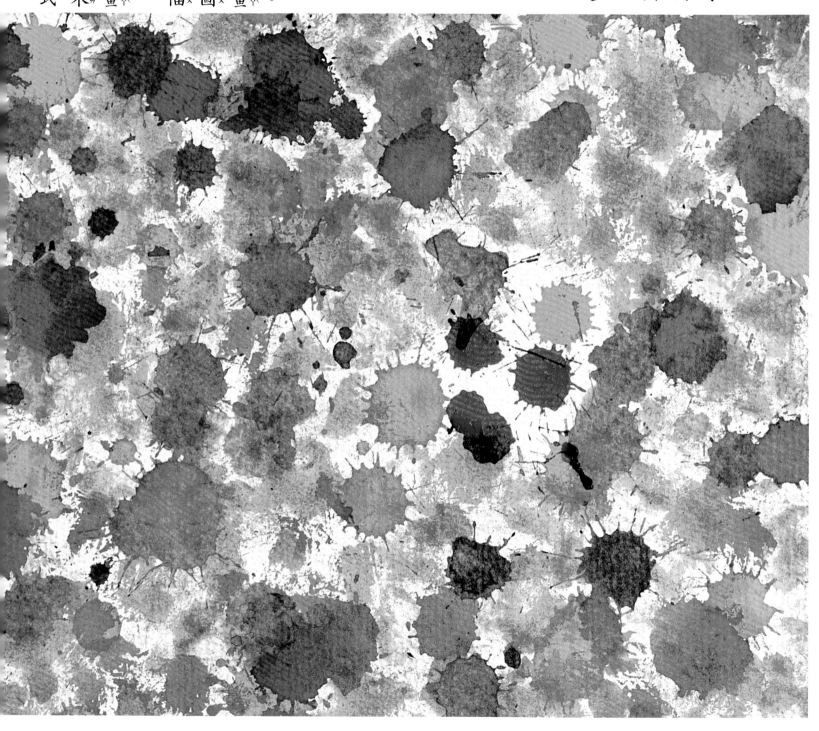

那一幅圖畫都完全不一樣，這幅畫就像一片花海一般耶！

# 滑不溜丟的綠色

當你到池塘邊玩耍的時候，
是不是會想要抓一隻青蛙來玩玩呢？
但是牠卻滑不溜丟地，
從你的指縫間消失了。

等回到了家裡，我們就來
畫一幅奇妙的圖畫吧！
會用到的工具有：

▷ 白色蠟筆

▷ 白色卡紙　　　　▷ 水彩顏料

　　　　　　　　　▷ 水彩筆

1 我們先用白
色蠟筆描好
圖形。

2 然後，在上面
用水彩顏料塗
上我們在池塘邊
看到的色彩。

色彩也會讓人看錯喔！這些色彩是不是很難分別得出來呢！

像青蛙是綠色的，有時候，牠們會沒入水和青草的綠色中。

有些動物的顏色和牠們居住的環境很像，這能幫助牠們達到偽裝的目的喔！

這些青蛙很難辨認得出來喲！這對牠們可是比較有利的。 **21**

# 這個水果還沒熟呢！

所有有生命的東西都會改變顏色喲！
水果當然也不例外。

在這個單元裡，我們要來畫水果。
會用到的工具有：

▷ 剪刀　　　　　　　▷ 彩色蠟筆

▷ 卡紙或塑膠　　　　▷ 白色卡紙
　片

1 用剪刀在卡紙上剪出我們
　待會兒要畫的水果形狀。

2 剪好以後，
把水果和紙
張分開來。

3 然後在上面用
蠟筆著色。

4 畫好以後，
拿開樣本。

5 其它的顏色也用同
樣的方法來畫。

我們可以從水果和蔬菜的顏色，看出它們現在是不是已經可以吃了。

原本是綠色的水果，會一天天地成熟，顏色也會跟著改變呢！

從顏色的轉變，便知道什麼時候是吃水果或蔬菜的最佳時刻了。

小心喔！吃了還沒熟的綠色水果，可是會肚子痛的喲！

# 森林裡的 小精靈

這些我們想像中的小精靈，通常都穿著一身森林的綠。

你想不想做一個關節可以靈巧活動的小精靈呢？
我們會使用到：

- 白色卡紙
- 彩色筆
- 兩腳釘
- 剪刀

**1** 畫好小精靈的每個部位：頭、身體、雙腿和兩條手臂。

**2** 根據自己的想像，塗上各式各樣的顏色。

**3** 用剪刀一個個剪下來。

**4** 最後，用固定釘把每個部位連結起來。

森林中最主要的顏色是綠色，其它地方也有綠色的蹤跡，比如草坪、熱帶雨林等等。

小精靈是我們人類幻想出來的人物，他們一向都是住在茂密的森林中。

嗨！小精靈！你會打招呼嗎？

# 可上上下下的綠色

在我們鎮上有很多家庭的門、窗戶和百葉窗都是綠色的。

現在，我們來做一個百葉窗。先去找一找：

▷ 廣告顏料

▷ 畫筆

▷ 膠帶

▷ 綠色卡紙

▷ 細繩子

▷ 紙板

**1** 我們在紙板上畫一個從窗口探出頭來的人。

**2** 然後，用膠帶黏上一段捲過的綠色卡紙。

**3** 最後，在卡紙上穿過一條細繩子。

有些地區的家庭把門窗和百葉窗都塗上綠色。

綠色顏料很適合當作居家用品的色彩來使用喔！

可上上下下、捲來捲去的百葉窗耶！看到、沒看到……

# 媽媽！
# 我剛剛吃了一幅畫

有些畫可是沒辦法保存到永遠的喲！

在這個單元裡，我們要做一幅特別的畫。會使用到的材料有：

食用色素

吐司

剪刀

**1** 先在一個盤子裡面倒一些水，再滴幾滴食用色素來調和。

**2** 放進一片麵包浸溼。

**3** 再拿幾片麵包，用其它顏色的色素浸溼。

**4** 用剪刀來剪已經浸過顏色的麵包，製作出各種造型。

一束花、一串人造煙火、一塊糕餅……各種造型，真是美不勝收啊！

我們可以做一幅畫，然後把它吃掉。

食物的顏色會讓人覺得是不是美味可口呢！

看！這是我吃過最有趣的點心了！

# 我看到了！我看到了！

公園裡遍地都是綠色。
如果再觀察仔細一點，
你會在樹葉的縫隙間，
驚喜地發現一些非常小的小生物喲！
像蝸牛、金龜子、螞蟻、小花……

現在，請跟我們一起玩一個
好玩的遊戲。要用到：

 彩色黏土

**1** 我們先一塊
兒到陽台上
或公園裡去吧！

**2** 找一找有沒有小生
物或是小花朵。

**3** 觀察一下它
的特點。

**4** 用黏土捏出一個
一模一樣的。

**5** 讓我們來看看
誰會上當喔！

▶ 我們到公園裡去觀察一下，然後用黏土做出一朵小花或是小生物。

▶ 也可以模擬真實生活中其它的物品或東西。

▶ 把模擬做好的作品藏在綠色樹葉中間，看看能不能騙過爸爸、媽媽。

怎麼會有一些東西比其它的還要美麗耀眼呢？

# 混色練習

在ㄞˋ我ㄨˇ們ㄇˊ通ㄊㄨㄥ常ㄔㄤˊ看ㄎㄢˋ到ㄉㄠˋ的ㄉㄜ˙色ㄙㄜˋ彩ㄘㄞˇ中ㄓㄨㄥ，有ㄧㄡˇ三ㄙㄢ種ㄓㄨㄥˇ是ㄕˋ最ㄗㄨㄟˋ重ㄓㄨㄥˋ要ㄧㄠˋ的ㄉㄜ˙：

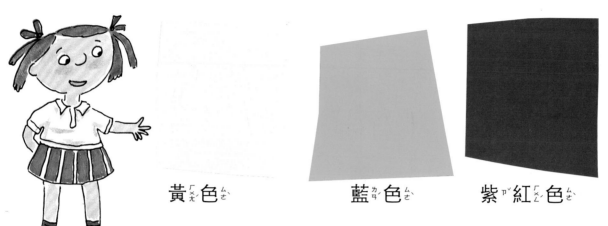

黃ㄏㄨㄤˊ色ㄙㄜˋ　　　　藍ㄌㄢˊ色ㄙㄜˋ　　紫ㄗˇ紅ㄏㄨㄥˊ色ㄙㄜˋ

把ㄅㄚˇ它ㄊㄚ們ㄇˊ互ㄏㄨˋ相ㄒㄧㄤ混ㄏㄨㄣˋ合ㄏㄜˊ，就ㄐㄧㄡˋ可ㄎㄜˇ以ㄧˇ得ㄉㄜˊ到ㄉㄠˋ其ㄑㄧˊ它ㄊㄚ的ㄉㄜ˙顏ㄧㄢˊ色ㄙㄜˋ了ㄌㄜ˙。如ㄖㄨˊ果ㄍㄨㄛˇ我ㄨㄛˇ們ㄇˊ像ㄒㄧㄤˋ下ㄒㄧㄚˋ面ㄇㄧㄢˋ的ㄉㄜ˙圖ㄊㄨˊ一ㄧ樣ㄧㄤˋ，把ㄅㄚˇ這ㄓㄜˋ三ㄙㄢ種ㄓㄨㄥˇ顏ㄧㄢˊ色ㄙㄜˋ兩ㄌㄧㄤˇ個ㄍㄜˋ兩ㄌㄧㄤˇ個ㄍㄜˋ混ㄏㄨㄣˋ合ㄏㄜˊ一ㄧ起ㄑㄧˇ，便ㄅㄧㄢˋ會ㄏㄨㄟˋ得ㄉㄜˊ到ㄉㄠˋ另ㄌㄧㄥˋ外ㄨㄞˋ三ㄙㄢ種ㄓㄨㄥˇ顏ㄧㄢˊ色ㄙㄜˋ和ㄏㄢˋ黑ㄏㄟ色ㄙㄜˋ。

得ㄉㄜˊ出ㄔㄨ紅ㄏㄨㄥˊ色ㄙㄜˋ　　　　　　　　　　　　得ㄉㄜˊ出ㄔㄨ綠ㄌㄩˋ色ㄙㄜˋ

得ㄉㄜˊ出ㄔㄨ淡ㄉㄢˋ紫ㄗˇ色ㄙㄜˋ

假ㄐㄧㄚˇ如ㄖㄨˊ沒ㄇㄟˊ有ㄧㄡˇ光ㄍㄨㄤ線ㄒㄧㄢˋ，就ㄐㄧㄡˋ不ㄅㄨˊ會ㄏㄨㄟˋ有ㄧㄡˇ顏ㄧㄢˊ色ㄙㄜˋ，也ㄧㄝˇ不ㄅㄨˊ會ㄏㄨㄟˋ有ㄧㄡˇ其ㄑㄧˊ它ㄊㄚ的ㄉㄜ˙顏ㄧㄢˊ色ㄙㄜˋ了ㄌㄜ˙。

一套專為十歲以上少年設計的百科全書

# 人類文明小百科

● 適讀年齡：10歲以上 ●

★ 行政院新聞局推介中小學生優良課外讀物 ★

· 充滿神秘色彩的神話從何而來？

· 埃及金字塔埋藏什麼樣的秘密？

· 想一窺浩瀚無垠的宇宙奧秘嗎？

人類文明小百科

## 為您解答心中的疑惑，開啟新的視野

### 全系列共18本

# 兒童文學叢書

# 小詩人系列

● 適讀年齡：8歲以上 ●

榮獲新聞局第十六、十七、十八、十九、二十次中小學生優良課外讀物推介
「好書大家讀」活動推薦好書暨1997年、2000年最佳少年兒童讀物

三民書局的「小詩人系列」自發行以來，
本本皆可稱「色藝雙全」，
在現今的兒童詩集出版品中，
無疑是相當亮麗的一片好風景。
（國立臺東師院兒童文學研究所所長　林文寶）